Alexandrii

ALEXANDRINA
JE VEUX APPRENDRE
AVEC TOI

**ALEX-DIFFUSION
REIMS**

Un petit florilège des écrits de la Bse. Alexandrina Maria da Costa préparé par le couple Signorile

NOTA

En mode normal se trouvent les phrases de liaison entre les divers extraits et quelques commentaires.

Les sigles utilisés renvoient aux sources et sont les suivants :

A - Autobiographie ;

L - Lettres à son directeur spirituel, le Père Mariano Pinho ;

S - Journal spirituel (Sentiments de l'Âme)

(…) - Remplace des phrases omises par souci de brièveté.

OBJECTIF

Si tous suivaient les pas de Jésus, il y aurait enfin la vraie paix. Mais aussi, si tous suivaient les pas des vrais chrétiens, les pas des membres "sains" du Corps mystique de Jésus, il y aurait la paix, la réalisation du Royaume de Dieu sur cette terre.

La bienheureuse Alexandrina est l'un de ces modèles à suivre. Bien souvent Jésus lui dit qu'elle est la "maîtresse" de l'humanité :

> *Tu es venue en ce monde pour être l'école de toute l'humanité.*
>
> *Par toi les jeunes filles apprennent à garder pour Moi le lis blanc de leur pureté ; par*

toi apprennent les vieux et les jeunes, les riches et les pauvres, les savants et les ignorants ; par toi tous apprennent à M'aimer dans la souffrance, à porter leur croix (S. 02-12-47).

Ta vie, ma fille, est une école d'amour, une école de douleur.

Je veux, je le veux et je le crie bien fort, que dans ta vie toute l'humanité apprenne : c'est une école de sagesse, c'est une école sublime, c'est une école toute, toute faite de vie divine (S. 28-03-52).

Ma petite fille, caresse céleste, toute ta vie leur parle. Toute ta vie est une prédication continuelle. Ton sourire forcé, tes gémissements, toute ta souffrance résignée parle à leurs cœurs, les captive, les attire et ils viennent à Moi. Tu es la Missionnaire de Jésus. Cette mission sublime continuera avec plus d'éclat, avec plus de lumière, quand tu seras au Ciel (S. 21-08-1953).

L'obscurité de ta chambre (la lumière lui faisait mal aux yeux) invite les âmes à de grandes choses : c'est une prédication pour elles. Prêche-leur, instruis-les toujours depuis ta chambre, à chaque fois qu'ils y viennent. Prêche-leur toute ta vie, et cette prédication s'étendra au monde entier (S. 28-01-55).

Courage, ma fille !

Ta chambre, ta vie, combien d'enseignements ne procurent-elles pas au monde !

C'est une école divine qui enseigne les hommes ; c'est la

lumière de Dieu qui illumine les ténèbres (S. 11-02-1955)

Si donc, nous voulons vivre comme de vrais chrétiens et participer à la rédemption de cette pauvre humanité, allons à l'école d'Alexandrina. Cette école vient jusqu'à nous à travers ses écrits, dictés avec beaucoup de sacrifice et par obéissance à ses directeurs spirituels et par amour envers les âmes à sauver, ce qui fut sa mission.

Mais, si les volumes de tels écrits restent ensevelis dans la bibliothèque, comment peuvent-ils être connus ? Voilà pourquoi des anthologies sont nécessaires. Nous avons pensé en extraire un petit recueil de pensées, de phrases à avoir présentes au quotidien : un petit "Vade-mecum" qui puisse être un stimulant et une aide pour tout chrétien qui aime vraiment et ne veut pas rater sa propre vie sur cette terre.

Le couple Eugenia et Chiafredo Signorile
Octobre 2004.

CHAPITRE 1

ALEXANDRINA ET LE PROCHAIN

Avec ceux qui souffrent

Mon pauvre cœur, malgré sa méchanceté, souffre, souffre, se meurs faute de se mettre en miettes, couvertures, confort, joie et en baume pour tous ceux qui souffrent. (S. 16-01-48)

J'aimerais être le baume pour toute blessure, consolation et pour toute tristesse, réconfort pour tout abattement, aliment pour toute faim, couverture pour tout froid, remède pour tout mal.

Je ne suis personne, je ne suis rien, je ne vaux rien. (S. 21-05.48)

Je voudrais parcourir le monde pour assécher toutes les larmes, consoler tous les affligés, vêtir ceux qui sont nus, rassasier tous les affamés.

Je voudrais répandre dans le monde entier, dans les corps et dans les âmes, la charité du Christ.

Ô sainte charité de mon Seigneur, combien tu es belle, quand tu peux rendre joyeux et consoler mon Jésus ! (S. 12-02.48)

Avec ceux qui la font souffrir

Je veux ressembler à Jésus ; je veux, même au prix de grands sacrifices, prier toujours, tou-

jours pour ceux que me blessent. (S. 28-02-47)

Quand les épines me pénètrent plus profondément, quand les contradictions et les humiliations m'écrasent, je dis : "Bénit soit le Seigneur ! C'est par amour pour vous et pour le salut des âmes.

Je me vengerai, mon Jésus, en vous priant sur terre et au Ciel pour tous ceux qui me font souffrir". (S. 25-07-52)

J'aime ceux qui m'aiment, j'aime les justes et les pécheurs, j'aime tous ceux qui me blessent, parce qu'en eux je vois Jésus et je les aime tous par amour pour Jésus.

Adieu monde ! Ne sois pas ingrat, ne pèche plus !

Je vais à Jésus, mais je continuerai à veiller sur toi. (S. 01-11-45)

Je suis résignée : je reçois tout comme des présents du Ciel et je vois en tous ceux qui me font souffrir l'image de Jésus et à tous je pardonne. (S. 20-03-46)

Mon Jésus, prenez en moi la réparation nécessaire.

J'accepte, je veux souffrir pour tous, amis ou ennemis, peu importe : ce sont des enfants de votre sang divin et, je veux les sauver tous. (S. 31-01-47)

Pour tous un sourire

Sur toutes les photos Alexandrina sourit : c'est une caractéristique qui est propre. Nous pensons qu'elle sera connue, au long des siècles comme la "sainte du sourire".

Jésus lui demanda avec insistance qu'elle soit toujours souriante, même dans la douleur :

Donne-moi ta douleur cachée sous ton sourire et sous ton amour. (S. 09-12-49)

Souris à la douleur, afin que je puisse sourire quand je juge les pécheurs. (S. 09-12-50)

... cache le martyre de ton âme avec ton sourire, autant que cela te sera possible.

C'est avec ton sourire, ou mieux, avec mon sourire qui est sur tes lèvres, que tu fais du bien, un très grand bien, le plus grand bien à un très grand nombre d'âmes.

Je suis dans ton cœur avec le Père et le Saint Esprit ; je parle par tes lèvres et je souris par tes lèvres. (S. S. 08-02-52)

Et Alexandrina obéit, des fois au prix d'un effort héroïque à cause de ses atroces douleurs.

> *Ô ma douleur et les souffrances de mon âme !*
>
> *Je souffre en souffrant et je souffre en souriant. (S. 07-09-45)*

> *Jésus me demande de souffrir dans la joie. (S. 02-11-46)*

> *Je souris à tout le monde, mais mon sourire est trompeur : c'est pour cacher les grandes angoisses de mon âme. (S. 18-06-46)*

> *Mon âme pleurait toujours, pendant que mes lèvres souriaient, et que je réconfortais et conseillais. Je me suis soumise à tous (beaucoup de per-*

sonnes la visaient), dépassant ma répugnance, par amour pour Jésus. (S. 26-05-50)

Je souris à tous, alors que mon âme pleure. J'ai l'impression de tromper tout le monde, dans tous les sens du terme: je me montre heureuse et contente, alors que mon bonheur et ma joie sont dans la souffrance et dans l'accomplissement de la volonté du Seigneur (S. 29-08-47)

CHAPITRE 2

ALEXANDRINA ET LA VIE DIVINE

Conformité à la volonté de Dieu

> *« ... mais mon bonheur et mon contentement se trouvent dans la souffrance et dans l'accomplissement de la volonté du Seigneur ».*

Voilà une composante essentielle de la spiritualité d'Alexandrina : la conformité au bon vouloir de Dieu.

Alexandrina n'est qu'un élan d'amour envers Dieu et, l'anéantissement de sa propre volonté est un élément caractéristique de son amour.

Cet amour envers Jésus est très souvent exprimé aussi comme un sourire de l'âme. Alexandrina s'en explique fort bien dans une lettre du 18 juin 1946, envoyée à son Directeur spirituel, le Père Mariano Pinho :

Mais un sourire très différent de celui de mes lèvres, je l'ai et je le sens continuellement ; c'est un sourire vers l'intérieur, un sourire intérieur ; sourire doux, sourire tendre ; sourire qui baise et embrasse selon les desseins du Seigneur ; c'est un sourire qui prends la croix avec toute la douleur, pour ne plus jamais la quitter : c'est Jésus qui me l'offre.

Ce sourire est réel, ce n'est point un sourire trompeur : c'est le sourire de la croix et de la volonté de Celui qui me l'a envoyée.

Voici d'autres phrases qui démontrent cette conformité :

Et moi au milieu de tant d'épines, de tant de souffrances, portant une si lourde croix, je sens la joie de mon âme qui sourit à tout ce qui vient des mains du Seigneur.

Je peux gémir, les yeux de mon corps peuvent pleurer, mais ceux de mon âme sont joyeux, disposés à recevoir tout le martyre que le Ciel puisse m'envoyer (L. 02-06-48)

Rien ne me procure de la joie sinon, l'effort continuel de vouloir faire avec perfection la volonté du Seigneur.

Je veux sourire à tout, mais ma nature est si faible ! Elle s'attriste, défaillit et meurt. (L. 22-09-51)

Me voici (dans la fatigue de devoir dicter le journal), dans le renoncement à moi-même, soumise à l'obéissance, à contrarier ma volonté, à obéir aveuglément, sans en avoir envie, à ne vouloir que ce que veut Jésus.

J'aimerais ne rien dire, étouffer complètement tout ce qui se passe en moi. (...) Jésus en serait attristé : et je ne veux aucunement qu'Il le soit !

J'obéis aveuglément, j'obéis par amour (S. 23-02-51).

Je ne peux pas parler. Mon sacrifice d'aveugle obéissance je l'envoie au Ciel. (S. 21-01-55 année de sa mort).

Nous remercions la bienheureuse Alexandrina pour son héroïque conformité au bon vouloir de Dieu ; autrement, nous aurions été privés de milliers de pages remplies de très riches trésors [spirituels], si profitables pour nous !

Alexandrina et la récompense

Le vrai chrétien ne suis pas le droit chemin moût par la peur du châtiment ou par le désire de la récompense, mais uniquement par amour pour Jésus ; il aime au point de se rendre, toujours davantage, semblable à Lui. Alexandrina affirme :

Je ne souffre pas en vue de la récompense : je souffre parce que mon cœur a soif de Jésus et que Lui seul peut me rassasier. (L. 23-03-40)

Je ne cherche pas mon honneur ni ma gloire (nous sommes en 1947 et son Cas a déjà acquis une certaine notoriété), mais la Votre, Jésus. Je ne souffre pas en vue de ma ré-

compense, mais dans le but de Vous sauver des âmes. (S. 10-01-47)

Mon Jésus, mon Jésus, je ne veux pas mon âme pure dans le but de ne pas aller au Purgatoire : je la veux pure pour Vous consoler ; je la veux pure pour ne pas vous blesser ; je le veux pure pour Vous sauver des âmes, grâce à cette pureté.

C'est pour cela que je souffre ; c'est pour cela que j'accepte tout, mon Jésus. (S. 21-02-47)

J'aimerais aimer jusqu'à la folie, je veux aimer mon Jésus sans penser à ma récompense au Ciel.

La récompense que Jésus me donnera m'intéresse peu : je veux l'aimer, Lui ; Lui seul par-dessus tout, parce qu'Il est digne d'amour.

C'est le but de ma vie ; le but de ma souffrance c'est Jésus et les âmes ; mais c'est toujours Jésus, car les âmes Lui appartiennent. (S. 28-02-47)

Humilité

Une note fondamentale et très insistante dans la symphonie spirituelle d'Alexandrina c'est son humilité.

Le fait d'être née pauvre, dans un lieu pauvre et ignoré, son instruction presque inexistante — un peu plus d'un an d'école primaire ! — aura contribué à son attitude humble. Mais sa vertu se manifeste dans le fait qu'elle soit toujours humble, même quand sa renommée se répand. Au contraire, cette renommée la fait souffrir !

Dans sa vie mystique extraordinaire, si riche de vertus, elle ne s'attribue à elle-même aucun mérite, car tout lui vient de Jésus, et elle s'en défend même quand Jésus lui-même la complimente.

Jésus, y a-t-il en mon âme quelque chose de bon, de louable ? Je ne le sens pas, je l'ignore.

Mais, s'il y a quelque chose, cela vous appartient, ce n'est pas à moi (S. 22-01-1945).

Mon Jésus, comptez toujours sur moi pour être votre victime.

Ne comptez pas sur mon amour, mais sur le vôtre, parce que c'est avec lui que je vous aime ; ne comptez pas sur ma générosité ou ma force, mais sur la vôtre : car c'est avec votre générosité et votre force que j'accepte allégrement toute la souffrance (S. 05-04-47)

> *C'est n'est que par Vous et pour Vous que j'ai vécu jusqu'ici. Jamais je n'ai confié en moi-même.*
>
> *Par votre grâce, jamais, jamais je me suis attribué quelque chose.*
>
> *Mon néant, mon immense misère, mon inutilité sont toujours présents à mon esprit (S. 03-07-1953).*

Et se tournant vers la Vierge Marie elle dit :

> *Vous le savez bien, ma chère Petite-Maman, qu'en votre sainte présence je me sens si petite.*
>
> *Combien de fois je vous ai déjà dit que je suis indigne de baiser vos pieds très saints ou la terre où vous les posez, mais*

*même l'ombre qu'ils laissent !
(S. 02-08-47)*

Naturellement, son humilité envers le prochain est aussi remarquable.

À noter qu'elle signe toujours : « la pauvre Alexandrina ».

Écoutons les phrases qui suivent :

> *Je ne souhaite pas davantage pour moi que pour les autres âmes.*
>
> *Je veux pour elles ce que je veux pour moi: un amour plus pur, plus ardent, plus saint (L. 26-07-39).*

> *Si la douleur de quelques âmes qui me blessent avec des épines m'afflige, je m'efforce de ne pas penser à leurs fautes et je me dis :*

O Jésus, modelez-les Vous-même, faites ressembler leurs cœurs au Vôtre.

Modelez-les et faites ressembler au vôtre en premier lieu le mien, car c'est celui qui en a les plus besoin.

Jésus, Petite-Maman céleste, je suis la fille la plus indigne et la plus petite que vous avez sur la terre (S. 12-07-1945).

Ayons présent à l'esprit que le fait de se sentir « petite » ne l'empêche pas d'aspirer à être utile pour le bien, de vouloir devenir sainte tout en accomplissant sa mission pour le salut des âmes.

Mon Dieu, je veux être petite aux yeux du monde, mais grande devant vos divins yeux (L. 04-11-35).

Elle confie pleinement en Jésus :

Il peut du néant tout faire. Et la fille la plus indigne et pauvre, Il peut la combler des plus grandes grâces, lui accorder les plus grandes richesses.

Je suis l'instrument le plus inutile entre ses divines mains. Si cela Lui plaît, Il peut faire de moi un instrument utile à tous (L. 06-09-1941).

Jésus, soyez béni ! Je suis toute petite, je suis un rien. Utilise ce néant en faveur de l'huma-nité.

Écoutez les demandes de la plus indigne de vos filles ! (S. 24-09-54).

Voici les réponses de Jésus :

J'aime les âmes simples et petites voilà pourquoi les plus misérables je les élève aux plus hautes cimes.

L'humilité, l'humilité, fille bien-aimée, combien elle me console ! (S. 04-05-46)

Triomphe, triomphe dans ta petitesse !

Toute âme humble et désireuse de vivre cachée est grande comme son Seigneur, triomphe avec son Seigneur, s'élève avec son Seigneur.

L'humilié par amour pour Jésus, est exalté dans l'amour de Jésus (S. 28-08-1953).

Terminons avec ce fragment de dialogue entre Jésus et Alexandrina :

O mon bien-aimé Jésus, j'aimerais tant Vous donner de l'amour, Vous offrir réparation et ôter du monde toute malice. Mes désirs sont à Vous : moi-même je n'ai rien, mais avec ce qui Vous appartient, je peux faire beaucoup...

Éclairez-moi, accordez-moi votre grâce !

Aie confiance, ma fille : du néant j'ai tout créé.

Dans les petites choses je fais les plus grandes merveilles. L'âme humble est tout pour mon divin Cœur.

De ton néant je t'élève aux plus hauts sommets; dans ta nuit tu possèdes toute la lumière (S. 17-09-48).

Confiance et don de soi

Dieu est amour, et Dieu pour nous est Père. Donc, un Père qui aime.

Pas seulement, car Il est aussi omnipotent. Donc Il peut tout faire et Il fait tout pour notre bien.

Le vrai chrétien, comme fils, doit tout faire pour rétribuer cet amour.

Alors il devrait réussir, dans toutes les situations, à se rendre à l'amour du Père et rester « *calme et tranquille, comme un enfant sevré qui est auprès de sa mère* » (Ps 131,2).

Il est sans doute très difficile en certaines circonstances d'atteindre cet état d'esprit ! Il faut intensifier notre amour et notre prière : demander de l'aide en ce sens. Et l'aide ne manquera pas, en son temps ! Les temps de Dieu ne sont pas les nôtres ; et certains longs retards sont voulus par le Bien Suprême pour notre sanctification et pour d'autres biens que nous-mêmes ignorons.

En cette matière, Alexandrina est aussi une grande experte.

> *Je n'ai confiance qu'en Jésus : me voyant ainsi si faible et petite, plus Il m'aide et s'incline vers moi.*
>
> *Jésus, je veux être toute petite pour toujours afin de pouvoir rester dans vos divins bras : ainsi, je ne craindrai aucune chute.*
>
> *Avec Vous je peux porter la croix (L. 07-09-39).*
>
> *Vous m'avez accordé la grâce de connaître l'abîme de ma misère, mais en même temps je vois que plus grand, infiniment plus grand est l'abîme de votre amour, de votre miséricorde, de votre compassion.*

Je confie aveuglément en Vous et j'espère en Vous (S. 27-03-42).

Je me suis offerte, je me suis abandonnée (...) Jésus et à la Petite Maman céleste prennent soin de moi, même sans que je m'en rende compte.

Je crois, je crois, mon Dieu ! Je crois (S. 06-10-50).

Dans cette affirmation obstinée, répétée, on sent la lutte contre les doutes.

C'est une lutte que nous devons affronter avec l'aide de la prière.

Mais je confie, mon Jésus, j'ai confiance, même contre tout, contre la mort de toutes mes espérances.

J'espère en Vous, Seigneur, et je ne serai pas confondue ! (S. 29-08-47).

Je m'appuie sur Jésus, j'étreins mon crucifix et je cherche à vivre la vie de chaque instant sans me préoccuper de ce qu'adviendra, afin qu'aucune préoccupation n'ai de prise sur moi : souffrir, vouloir confier et aimer, faire en tout la volonté du Seigneur (S. 17-09-48).

J'ai confié à Jésus et à la Petite Maman ma vie incompréhensible : Eux, dans leur divine sagesse qui comprend toute chose, l'acceptent.

Mon rôle est celui de souffrir et de les suivre aveuglément.

Qu'en tout soit faite la volonté du Seigneur ! (S. 28-05-48).

Voilà l'attitude propre à l'âme-victime. Nous ne sommes pas tous appelés à de si hautes cimes ; mais nous tous, chrétiens, nous devons regarder toujours dans cette direction.

C'est une continuelle lutte contre le doute !

Alexandrina, même en 1953 — deux ans avant sa naissance au ciel — a encore besoin de demander de l'aide, mais aussitôt elle affirme sa confiance :

Venez à mon aide, Seigneur, aidez-moi !

Faites que ma confiance arrive jusqu'à vous.

Même si tout est contre moi, si mon abandon est total, même si je vois le monde s'écrouler et même le firmament, que je ne cesse jamais de confier en Vous ! (S. 27-11-1953).

35

Serai-je capable de supporter cette forme de vie ?...

Je peux tout en Celui qui me conforte, je peux tout avec Jésus et la Petite Maman (S. 01-04-55)

Rappelons-nous l'affirmation de saint Paul :

« *Je puis tout en Celui qui me rend fort* ». (Ph. 4,13)

Inhabitation

Avec le baptême le Chrétien reçoit le germe de la vie divine ; mais pour que celui-ci se développe et devienne opérant, il a besoin de votre collaboration active.

Jésus dit :

« Si quelqu'un m'aime, il gardera ma parole, et mon Père l'aimera, et nous viendrons en lui, et y établirons notre demeure. » (Jn, 14.23)

C'est cette "habitation" de la Très-Sainte Trinité dans le cœur du chrétien, le faisant devenir enfant de Dieu, que l'on appelle "inhabitation".

Néanmoins, le vécu quotidien, la conscience de cette extraordinaire vérité reste étouffé, dans la plupart d'entre nous, chrétiens.

Alexandrina reste classée parmi ces âmes élues, élevées à un si haut niveau spirituel qui vivent dans cette intimité divine. Jésus lui dit :

Ton cœur est le trône d'amour, de pureté, de délices de toute la Trinité divine : elle habite en toi pour t'enrichir de toute grâce et de toutes les richesses divines.

Va avec la force de ton Jésus dicter tout ceci, afin que rien ne reste occulté. (S. 24-05-46).

Quelques mois plus tard Alexandrina dicte :

Je fais en sorte de vivre toujours, toujours autant que possible, à l'intérieur de mon âme. Et comment j'y vis ? À genoux (spirituellement), les mains jointes, la tête inclinée, à adorer, à aimer la Très-Sainte Trinité.

J'adore, j'aime uniquement avec mes désirs : à cause de ma misère, je ne peux rien faire d'autre.

Si seulement je parvenais à ce que toutes les âmes vécussent la vie intime avec ce Trésor divin et l'adorassent et aimassent ! (S. 05-10-46)

La conscience de l'inhabitation continue aussi pendant les occupations quotidiennes :

Je veux vivre dans ce corps qui n'existe pas (elle est physiquement détruite après cinq années de jeûne absolu, aggravée par toutes les souffrances physiques et morales), je veux vivre très profondément la vie intérieure, la vie intime avec Dieu le Père, Fils et Saint Esprit, que ne souhaite plus en sortir ; soigner l'extérieur sans m'arrêter de vivre à l'intérieur.

Mon Jésus, mon Jésus, ne laissez pas que le monde me sépare de vous ! (S. 17-01-47)

Presque deux ans plus tard Jésus lui dit :

> *Le Père parle en toi avec son pouvoir et sa sagesse, le Fils avec sa rédemption et son amour, l'Esprit Saint avec sa lumière. Tout est en faveur des âmes : de toi tout transparaît et en elles pénètre (...) (S. 05-11-48).*

Et encore :

> *Écoute-moi : tu as le Ciel dans ton cœur, la Trinité Divine, qui n'est pas venue mais habite toujours en toi. Elle trouve tous ses délices quand tu parles d'elle.*
>
> *Quelle gloire, quelle gloire lui est procurée par toi ! Combien d'âmes vivent la vie intérieure, la vie de la Très-Sainte*

Trinité grâce à toi ! (S. 22-07-55)

Par leur intermédiaire, à son école, donc, nous aussi nous nous engageons à ne pas négliger le Trésor divin que nous avons en nous !

Et ainsi, peu à peu, nous mènerons à bien le désir que Jésus exprime à Alexandrina, mais que nous devons considérer comme adressé à nous-mêmes :

Je veux que tout ce qui est à moi transparaisse en toi : je veux que tes regards aient la pureté du mien ; je veux que tes lèvres aient le sourire, la douceur du mien ; je veux que ton cœur ait la tendresse, la charité et l'amour du mien ; en résumée : je veux que dans tout tu m'imite. (S. 13-06-47)

CHAPITRE 3

ALEXANDRINA ET LA PRIÈRE

(Extraits de "Mon Seigneur, mon Dieu"

Louange et remerciement

La vraie prière est un contact humain avec le divin, et elle est essentiellement amour : un colloque d'amour — fait aussi de silences — entre la créature et son Créateur.

Alexandrina est toute amour en chaque fibre de son être, elle vit concrètement l'union avec Dieu-Amour, voilà pourquoi elle est une "incarnation de l'amour" en chacune de ses prières, comme à chaque moment de sa vie.

À son école nous apprenons aussi à prier !

Voyons rapidement, en résumé, les divers aspects de sa prière :

En regardant les fleurs, j'admire, je loue et adore le pouvoir de Dieu...

Elle se sent incapable d'une louange digne, voilà pourquoi elle s'exclame :

À tout être créé qui loue le Seigneur, je lui demande de Le louer pour moi. (S. 01-03-48)

Je fixais le Ciel avec nostalgie et je disais : "Oh ! combien Il est beau, Celui qui t'a créé !" (L. 09-08-1941)

De la contemplation du créé naît un émerveillement qui fait vibrer de reconnaissance tout notre être, car celui-ci ne se sent pas écarté, exclu de la merveille qu'il contemple, mais partie prenante, tout en étant un rien dans Tout.

C'est une adoration amoureusement reconnaissante pour chaque chose, car tout nous a été donné.

Pour nous chrétiens il y a encore l'Incarnation et ensuite l'Eucharistie !

Sur notre chemin nous rencontrons des moments joyeux, pour lesquels nous sentons spontanément le désir de remercier :

> *Je remercie pour tous les bienfaits que je reçois, que je connais et même pour ceux que je ne connais pas ; je les ai tous reçus et les recevrai dans le temps et dans l'éternité, qui est le Ciel. Je remercie également ceux que par mon intercession sont accordés aux âmes.*

Je rends grâces pour ceux qui ne remercient pas Notre-Seigneur, je remercie pour l'humanité toute entière.

Et elle ajoute :

Mais je demande à Jésus — délicieux son amour pour Jésus ! — qu'il n'accepte pas ce remerciement comme étant le mien, mais comme si s'était un remerciement venant de chaque âme, afin que Jésus ne ressente pas d'ingratitude d'aucune âme. (S. 07-08-1953)

Il nous est, au contraire, très difficile de remercier pour les moments douloureux : cela est contraire à notre nature humaine. Mais le chrétien sait que tout événement est voulu ou permis par Dieu, voilà pourquoi —

lorsqu'une certaine élévation spirituelle est atteinte — elle parvient à remercier aussi pour les moments douloureux.

Voici Alexandrina éducatrice :

> *Tous les jours, peu après la Sainte Communion, je prie le "Magnificat", pour remercier les peines et les joies de chaque jour, avant même que celles-ci n'arrivent. (S. 25-01-46)*

> *J'ai eu des joies qui sont aussitôt mortes, j'ai eu des épines qui elles, sont restées pour me blesser.*

> *J'ai tout reçu comme des caresses de Jésus, je Lui ai tout offert et je l'ai remercié de tout mon cœur. (S. 01-08-47)*

Merci, merci, mon Jésus, dans les consolations et les peines, dans la vie comme dans la mort. (S. 03-04-1953)

Repentir et demande de pardon

J'ai été très méchante en fin d'après-midi. J'ai certainement dû Lui (à Jésus) causer de la peine. Grande est ma peine et ma douleur à cause de cela.

C'est dans les plus petites choses que je montre qui je suis vraiment. (L. 28-06-40)

Ma chère "Mãezinha", faites que je pleure des rivières de larmes de repentir pour mes nombreux péchés, alors que je reçois tant de grâces de Vous et de Jésus. (S. 08-04-49)

Au repentir succède la conversion.

> *Souvenez-vous que je Vous ai beaucoup offensé ! Maintenant je ne veux plus que Vous aimer ! (L. 25-09-41)*

Le repentir et le désir de conversion amènent à la demande de pardon.

> *Ô Mãezinha, demandé à Jésus pardon pour moi ! Dites-lui que c'est l'enfant prodigue qui revient chez son bon Père, disposée à Le suivre, à l'aimer, à l'adorer, à lui obéir et à l'imiter. (A.)*

> *Ô mon Jésus, ô mon Jésus, pardon, pardon, pardon pour mes péchés ! Pardon pour les*

péchés de l'humanité toute entière ! (S. 13-11-1953)

L'amour pour Jésus est son seul but, toujours présent en chacune de ses attitudes.

Combien me haïssent et me méprisent ! Combien me calomnient !

M'interrogeant moi-même je me dis : "Mais, que leur ai-je fait ?" et aussitôt dans ma pensée une autre question me vient : "Quel mal Jésus nous a-t-Il fait, sauf de nous aimer et de mourir pour nous ?

Alors, aussitôt, je me sens obligée de leur pardonner et de répéter très souvent :

"Pardonnez-leur, mon Jésus, permettez qu'ils se convertissent et s'embrasent dans votre divin Amour" ! (S. 13-15-1943)

Invocation et supplique

La prière d'invocation, de supplique ne doit aucunement être comprise comme une demande tendant à forcer Dieu à faire notre volonté, à seconder l'un de nos désirs, en aucune façon ! Elle doit être l'expression d'une dépendance amoureuse de la créature envers son Créateur; elle doit sortir d'un cœur humble et aimant qui s'ouvre dans toute sa profondeur et se remets au Père auquel il expose ses besoins avec la confiance que — le moment opportun — il sera favorisé, si la demande n'est pas en opposition avec le Bien suprême, c'est-à-dire, conforme à la volonté de Dieu.

Les suppliques qu'Alexandrina adressait au Ciel sont un très bel exemple dans ce sens : toutes présentent la grande **humilité**, de celle qui se sent toute petite, un néant devant Celui auquel elle s'adresse ; la **confiance** et la **foi**, en la miséricorde de Dieu, confiance qui naît de l'amour réciproque ; l'**insistance** à demander, comme Jésus lui-même nous l'a appris dans l'Évangile. Voici quelques exemples :

Écoutez mes prières, écoutez, écoutez-les, Jésus !

Ne regardez pas cette pauvresse, la plus pauvre et misérable, qui vous demande, mais tenez compte de vos divines promesses et de l'insis-tance avec laquelle vous me dites de vous faire des demandes.

Je vous demande, Jésus, je vous demande et je confie. (S. 01-02 52)

J'ai confiance que vous ne mépriserez pas mon néant et que vous aurez compassion de moi. Donnez-moi votre force, guidez-moi toujours sur vos chemins ! (S. 29-10-48)

Jésus, je vous demande d'être sainte, comme vous voulez que je le sois, si vous le voulez. Je vous demande de vous aimer beaucoup, comme votre divin Cœur le désire. (S. 14-09-45)

Je suis si loin d'être parfaite, de traiter tout le monde avec la charité de Jésus.

Aidez-moi, mon Amour, à me convertir vraiment pour vous, faites-moi ressembler vraiment à votre divin Cœur. Combien grand est mon désir de vraiment vous aimer et d'aimer mon prochain ! Quelle faim de votre Amour, quelle faim de perfection, quel désir du Ciel !

53

J'ai peur de moi-même, je crains pour moi en tout et pour tout. (S. 05-08-49)

Mon Dieu, mon Dieu, quelle lute, quelle souffrance, quel combat entre moi et mon devenir. Ma nature qui se révolte et mon anxiété de ne vouloir que la volonté de mon Seigneur !

J'appelle, j'appelle Jésus et la Mãezinha, je leur demande la douceur, la mansuétude, la patience de leurs divins Cœurs.

Je demande au divin Esprit Saint qui m'illumine et m'assiste. (S. 22-06-51)

Jésus, ayez pitié de moi, ayez compassion de moi, enrichissez ce néant, remplissez-moi de votre Amour !

Je ne vous demande d'opérer en moi des merveilles qui se voient : je ne demande que la merveille et la richesse de votre Amour. (L. 14-05-41)

Donnez-moi, ô Jésus, le feu de votre très saint Cœur. Soyez ma force, donnez-moi votre paix ! (S. 15-03-46)

Notons que lors même qu'elle demande une aide matérielle, économique, lorsqu'elle a failli perdre sa maison hypothéquée, la note spirituelle ne manque pas :

Ô Jésus, je ne vous demande pas d'honneurs, des grandeurs, ni de richesses, je vous demande seulement que vous ne permettiez pas que nous perdions notre maison, afin que ma mère et ma sœur (elle pense alors que sa mort est toute proche) aient un endroit où vivre jusqu'à la fin de leurs jours, afin que ma sœur ait où cueillir quelques fleurettes pour embellir votre autel à l'église, chaque samedi.

Ô Jésus, toutes les fleurs sont pour vous.

Jésus, venez à notre aide, car nous sombrons ! Portez cette nouvelle au loin, vers quelqu'un qui puisse nous aider ! (l'aide viendra en effet de Lisbonne suite à l'intervention de son Directeur spirituel auprès de l'une de ses dirigées).

Je ne vous demande pas d'agir de telle ou telle manière, car je ne le sais pas ! Je confie simplement en vous ! (A)

Invocations Mariales

Les invocations qu'Alexandrina fait monter vers Notre Dame sont présentes dans presque toutes les prières de supplique : elle La sent comme une aide, comme Médiatrice.

Comme une aide sur la mer :

Oh ! Mère de Jésus, donne-moi ton amour pour aimer avec lui le tien et mon Seigneur ! (S. 15-12-1944)

Une aide pour participer à la Sainte Messe :

(...) au moment de la Sainte Communion, je Lui ai demandé de communier comme Elle communierait Elle-même, si Elle allait recevoir Jésus. (S. 13-07-51)

Aide aussi, en tant qu'exemple :

Ton chemin, Mère de Jésus, Me réconforte pour porter la

*croix,
pour porter la croix en cette amertume
au milieu des ténèbres, et de tant de sécheresse. (S. 15-12-1944)*

Quand je souffre à cause de la mort que je sens en moi, je dis : "La Petite Maman est ma vie".

Quand je n'ai pas de lumière ni la force de souffrir, je répète : "La Petite Maman es ma lumière, Elle est ma force".

Que je ressens que toute ma vie n'est qu'une tromperie, et que je me mens à moi-même, je murmure : "Peu importe, la Mãezinha ne se trompe pas, Elle est la vérité".

Pour toutes choses je continue de répéter sans cesse : Je veux ce que la Mãezinha veut, je vais où Elle ira. (S. 15-09-50)

Comme médiatrice :

Mes pauvres prières n'atteignent pas le Ciel.

Je veux les rendre riches valeureuses, mais je n'y arrive pas.

Je demande à la chère Mãezinha qu'Elle parle Elle-même à Jésus et Lui offre tout, Lui racontant tout et de Lui parler pour moi. (L. 07-11-40)

Je vais beaucoup Lui demander (à la Vierge) qu'Elle nous obtienne de Jésus un amour saint et pur, un amour sans limites qui nous fasse porter la croix, les tribulations et les angoisses que Jésus nous enverra. Mais les porter avec joie et amour, avec une confiance aveugle, qu'en tout nous fassions sa très sainte Volonté. (L. 06-12-39)

Chère Petite Maman, voyez si dans mon néant vous trouvez quelques miettes (des souffrances) que vous puissiez transformer en fleurs afin de les offrir pour moi à mon Jésus. (L. 01-06-41)

Mãezinha, ma Petite Maman, demande à Jésus un peu de lumière pour ta petite fille, demande-Lui un peu de réconfort pour mon âme ! (L. 23-06-1941)

Petite Maman chérie, venez sur la terre et prenez votre petite fille entre vos bras très saints : je veux vous donner mon cœur : vous seule pouvez le remplir de votre amour afin que je puisse aimer Jésus.

Brûlez-moi avec des flammes si fortes, que je puisse ensuite incendier le monde.

Jésus n'est pas aimé ! Avec ma souffrance et votre amour, je ferai en sorte qu'Il soit aimé. Je suis sûre qu'alors, moi aussi je l'aimerai.

Ma Petite Maman, Mãezinha, combien cela doit être beau de voir tous les cœurs brûlant pour Jésus, en un seul rayon d'amour ! (L. 15-01-40)

Mãezinha, bien-aimée Petite Maman, apprenez-moi à aimer Jésus! Je L'aime avec ton amour et je t'aime avec le sien ! (S. 07-05-49)

Intercession

Le chrétien participe aux tribulations du frère, de la sœur ; souffre pour les dangers qui les entourent et prie pour eux :

Je vous prie pour tous les affligés de toutes sortes, qui se sont approchés de moi.

Je vous prie pour tous ceux qui se recommandent à moi ou veulent se recommander.

Je vous prie pour le monde entier, pour les fidèles et les infidèles, comme notre Salazar et nos dirigeants.

Et maintenant, mon Jésus, je vous prie pour les âmes du Purgatoire. (S. 14-04-50)

Lors des moments les plus forts de sa vie mystique (elle vient d'être communiée par son Ange Gardien), elle ne se cloisonne pas :

(...) mon Bien suprême, je suis davantage brûlante, je suis même ardente, bien plus forte et possédant bien plus de lumière. Bénis soient votre amour et votre miséricorde envers moi !

Je vous serre contre mon cœur et vous demande, mon

bon Jésus, que dans le vôtre vous seriez tous ceux que j'aime, tous ceux qui m'entourent et qui m'appartiennent, ainsi que tous vos enfants. Serrez également, mon Jésus, l'humanité tout entière ; pardonnez-leur, pardonnez-leur toujours ! (S. 11-04-52)

La préoccupation principale d'Alexandrina se centre sur les dangers de caractère spirituel. Sa mission est le salut des âmes et l'échauffement des cœurs dans l'amour envers l'Eucharistie. Voici ce qu'elle demande pour sa famille :

Je vous prie pour ceux qui me sont les plus chers et pour toute ma famille : ceux qui marchent sur la mauvaise voie, convertissez-les et, ceux qui sont en état de grâce, rendez-les encore plus fervents et

> *brûlez-les du feu de votre amour ! (S. 14-04-50)*

Pour un mendiant qui frappe à sa porte, Alexandrina prie et offre ses souffrances. Celui-ci meurt en glissant et tombant dans une rivière. Alexandrina, angoissée, demande :

> *Mon Jésus, l'âme de cet homme qui est tombé dans la rivière s'est-elle sauvée ?*
>
> *Oui, ma fille. Il a comparu devant moi à onze heures et demie du soir. Combien cela a été beau et merveilleux, quand il m'a vu devant lui, avant même que je lui demande des comptes !*
>
> *Il m'a dit:*
>
> *Pardonnez-moi, pardonnez-moi, mon Jésus ! Vous seul êtes mon Seigneur !*

Je lui ai pardonné et il a été sauvé.

Elle avait aussi intercédé pour un autre. Elle questionne :

L'autre aussi, mon Jésus ?

Oui, ma fille, et bien d'autres encore ; et sauvés par toi, par tes souffrances.

Prie beaucoup pour eux. Je suis rempli de compassion... (S. 26-04-46)

En second lieu elle prie pour la guérison des malades. À la prière elle ajoute le sacrifice, l'augmentation des souffrances.

Naturellement, elle n'est pas toujours écoutée et certains meurent ! Voyons deux exemples de guérison.

Pour une grave maladie de l'épouse du Docteur Azevedo, son ami, Alexandrina s'investi totalement :

J'ai demandé que l'on allume des lampes et des bougies que tous se mettent à genoux.

J'ai offert à Notre Seigneur mon corps et mon âme comme victime pour l'infirme, j'ai mis tout le Ciel à contribution.

Et elle demande :

Laissez-la, laissez-la, Jésus, afin qu'elle puisse assurer l'éducation de ses enfants. Prouvez-moi, maintenant, l'amour que vous avez pour moi ! (S. 24-12-48)

Et l'épouse du médecin guérit ; elle est décédée bien plus tard 1986.

Fin 1949, la mère d'Alexandrine tombe gravement malade. On peut facilement imaginer l'angoisse, la peur qu'elle ne meure. ! Alexandrina a, de surcroît, le scrupule de ne pas "bien" vivre ce tragique moment :

> *Mais je ne souffre pas d'une façon parfaite, n'est-ce pas, mon Jésus ?*
>
> *Êtes-vous triste parce que je pleure ?*

Jésus lui répond :

> *Non, ma fille, non ! Moi aussi j'ai pleuré et ma bien-aimée Mère aussi. Je sais ce que c'est !*

Puis Il ajoute :

> *Dis-moi une chose : Si je te demandais ta maman, ne me la donnerais-tu pas de bon cœur ?*

Je vous la donne, je vous la donne, mon Jésus, mais pas sans larmes, je ne peux pas, je ne vous promets pas cela...

O mon Jésus, si cela ne mets pas en case le salut de son âme, laissez-la encore quelque temps auprès de moi. Procurez-moi davantage encore de souffrances, surchargez-moi, mais soulagez-la.

Par contre, si c'est pour le bien de son âme, je veux bien tout perdre, mais que son âme soit sauvée.

Je veux encore, mon Jésus, que vous la portiez directement au Ciel : cela vous ne pouvez pas me le refuser ! [1]

---

1 Que cette "*prétention*" ne paraisse pas trop osée. Rappelons-nous que sainte Catherine de Sienne, lors du décès de son père, fit la même demande à Jésus et, après avoir insisté, elle obtînt cette grâce. Voir, Raimond de Capoue, *Vie de Sainte Catherine de Sienne*.

Demande, demande, ma fille ; rien ne te sera refusé, à moins que cela nuise au salut des âmes.

Je te promets que, quand j'appellerai à Moi ta mère, je la porterai tout droit au Paradis, pour ma gloire. (S. 02-12-49)

La mère d'Alexandrina est morte après sa fille, le 24 janvier 1961.

Persévérance dans la prière

Même sans forces et dans les doutes de la Foi. Alexandrina se maintient toujours unie à Dieu, même quand elle est complètement sans forces pour une prière vocale et aussi dans les doutes sur la Foi.

Il lui semble ne pas pouvoir prier à cause de l'intensité de ses souffrances de tout le type, mais dans la réalité tous ses instants sont une prière.

Ce qu'a souffert mon pauvre corps ces jours-ci, seulement Jésus le sait ; les agonies et les tortures de l'âme, seulement Il peut les comprendre.

Ce martyre de l'âme et du corps m'a empêché de pouvoir prier, de pouvoir méditer la Passion de Jésus.

Je le fixais rapidement cloué sur la croix et je disais seulement :

Combien Jésus a souffert par mon amour ! Il a tellement souffert qu'Il est mort par moi. Comment aurai-je le courage de Lui refuser quelques souffrances de l'âme ou du corps ?

Oh, non, mon Jésus ! Avec votre grâce je ne vous refuse-

rai rien : je suis votre victime, nuit et jour. (S. 04-04-47)

À cause de mes souffrances mes souffrances je n'ai presque pas prié, tellement pénible est mon martyre. J'ai presque complètement oublié des choses du Ciel : j'ai dit à Jésus et à la Mãezinha que ceci ne représente pas un affaiblissement de mon amour, mais est dû à mes grandes souffrances (nous sommes en 1954). (S. 19-02-54)

Ma prière vocale a été presque inexistante, mais mon esprit, au milieu des flammes de la souffrance, ne s'est jamais éloigné de Jésus, n'a pas arrêté de Lui offrir le néant de sa victime. (S. 24-02-50)

J'ai passé une nuit de vigile : j'ai beaucoup souffert ; je ne pouvais pas prier.

Je ne pouvais réciter, de loin en loin, que quelques prières jaculatoires. Mais je suis toujours restée unie à Jésus ; je restais toujours sa victime.

Mon cœur était dans les anxiétés de douleur et d'amour. (S. 07-11-53)

Souvent son âme s'exprime à travers le regard :

Là, combien il souffre ce pauvre corps qui n'est plus qu'un lambeau !

Je ne sais pas et je ne peux pas parler à mon bon Jésus et à la Mãezinha : je Les regarde, dans le but que mon regard leur donne et demande tout.

Ah, pauvre de moi ! Comment il est laborieux de vivre pour le corps et pour l'âme ! (S. 06-04-51)

Tourmentée par les doutes sur les vérités de la Foi, avec une volonté très ferme, toujours animée par le feu de son amour à Jésus, elle s'obstine à répéter son "je crois", même sans conviction :

J'ai d'horribles tentations contre la Foi : tout me semble mensonge.

Je crois en Dieu le Père Tout-puissant. Jésus, je crois en Vous ; Jésus, j'ai confiance en Vous !

Je suis dans une mer furieuse. Les vagues noires où je combats arrivent au Ciel. (S. 09-08-46)

O Jésus, je ne vous vois pas, je ne vous sens pas, mais je veux croire que c'est vous.

Colloque de Foi, colloque de douleur et d'amour, ma fille : cela a été comme Jésus te l'a dit. Oui, sans l'amour, sans ta folie d'amour tu ne pouvais pas être victime de réparation, tu ne pouvais pas ainsi souffrir et vivre de Foi sans la ressentir. Confie, confie. (S. 16-04-54; rappelez-vous qu'Alexandrina est âme-victime*)*

Ma vie est douleur et obscurité, sans aucune interruption, même d'un seul instant. (...)

Toute l'autre vie (la spirituelle) s'est effacée, elle est morte ; même les noms de Jésus et de la Mãezinha ! Le Ciel, la Patrie bénie, tout s'est effacé, tout a disparu. Il semble que ces doux noms n'existent pas : Jésus, la Mãezinha, le

Ciel avec la Trinité divine que j'aime tant, sont morts en moi.

Je ressens ceci, mais je ne cesse pas d'invoquer, d'âme et de cœur : Jésus, Mãezinha aidez-moi, suis vôtre ! O Ciel, ô Ciel, vient à mon aide !

Voilà mon cri au comble de ma douleur.

Et, sans rien ressentir ni rien entendre qui m'apporte réconfort et je ploie, pour recevoir la croix et je répète toujours :

Jésus, je suis Votre victime ! (S. 16-08-46)

Mon affliction est telle qu'il me semble que tout mon corps se décompose.

Alors j'appelle Jésus, ce Jésus que je sens avoir perdu avec la Mãezinha, par ce Jésus auquel je sens ne pas croire.

En effet, combien de fois, mon Dieu, il me semble avoir perdu la Foi et ne pas croire aux vérités de la Sainte Église, ni à la vie éternelle !

Même avec le sentiment de ne rien croire, je n'invoque le Ciel qui Lui appartient. Je continue de répéter : "crois dans la vie éternelle !" (S. 14-01-55)

Je continue à passer les nuits à veiller ; certaines nuits je dors quelques minutes, si ce que je dors on peut appeler « dormir ».

Je prie, prie, je parle beaucoup avec le Ciel, sans recevoir de lui le moindre réconfort : toute mien ma prière éteinte.

Toute ma vie s'est effacée, comme si à l'in-térieur de moi rien n'existait. Le Ciel me semble ténèbres, et mon âme est dans l'obscurité.

C'est un combat, c'est une lutte de vivre sans âme, le vivre sans Foi.

Mon Dieu, mon Dieu, je n'ai pas de guide, pas de lumière que m'éclaire.

Mon abandon me rappelle le Vôtre.

Le combat est âpre. Mes sentiments essayent de nier toutes les choses, comme par exemple : Dieu, l'existence de l'âme et l'éternité.

Je m'efforce de prier, comme si tout existait ; et mon anxiété de me donner à Jésus, de me donner aux âmes est infinie. (S. 25-03-55)

Mais ce que l'âme sent est partagé avec le cœur : elle s'obstine à s'accrocher à la Foi, même si son martyre lui semble vain, vaine sa lutte contre la nature récalcitrante.

Je crois, mon Dieu, je crois même si mon "je crois" me semble toujours mensonger.

Je l'ai répété aujourd'hui bien des fois ! Combien de fois j'ai appelé Jésus et la Mãezinha :

Regardez vers mon cœur et non mes sentiments ! Le cœur ne ment pas : tout est pour Vous, par amour pour Vous et pour les âmes.

Je crois, crois ! Venez à mon secours, aidez-moi, Jésus ! (S. 15-04-55)

Je veux prier, m'unir au Seigneur, et je ne peux pas : je maintiens cette union le meilleur que je peux.

Je Lui offre toutes les épines qui, venues d'un côté et de l'autre, m'atteignent et me font saigner.

Mais comment, Seigneur, comment offrir autant de choses qui me semblent inutiles ? Dans l'obscurité, dans la mort et, surtout, sans la Foi ?

Mon Dieu, quelle horreur ! (S. 01-07-55, trois mois avant son décès).

CHAPITRE 4

ALEXANDRINA ET L'EUCHARISTIE

Écoutons Jésus !

Jésus dit :

> *Loin du Ciel, loin de Jésus est tout celui qui est loin du tabernacle.*
>
> *Je veux des âmes, beaucoup d'âmes vraiment eucharistiques.*
>
> *Le tabernacle, le tabernacle, oh si seulement il était bien compris, le tabernacle !*
>
> *Le tabernacle c'est la vie, le tabernacle c'est l'amour, le tabernacle c'est la joie et la paix.*

Le tabernacle est un lieu de douleur, d'affron-tement, est lieu de souffrance : le tabernacle est méprisé.

Le Jésus du tabernacle n'est pas compris ! (S.. 11-09-53)

Je l'ai entendu me dire :

Ma fille, ma fille, lumière et étoile mystique, (...) je t'ai choisie comme victime afin que tu continues mon œuvre rédemptrice.

J'ai déposé dans ton cœur un amour fou envers l'Eucharistie.

C'est grâce à toi, c'est à la lumière de ce feu que tu as laissé allumer que beaucoup d'âmes, guidées par cette étoile choisie par moi, transportées par ton exemple, se transformeront en âmes ardentes, en âmes vraiment eucharistiques.

Pauvre monde sans l'Eucharistie ! Pauvre monde sans les

âmes-victimes, sans les hosties immolées continuellement avec moi !

Je veux, ma fille, dis que je veux un monde nouveau, un monde de pureté, un monde eucharistique. (S. 05-01-52)

Communion spirituelle

Je ne laissais pas passé aucun jour sans faire ma station au Très Saint-Sacrement : je méditais, que ce soit à l'église ou à la maison, et même sur les chemins, et je faisais ma communion spirituelle de la façon suivante :

« O mon Jésus, venez en mon pauvre cœur ! (...) Unissez-moi à Vous ! (...) Je ne veux personne d'autre que Vous ! (...)

Je vous rends grâces, Père Éternel, pour m'avoir laissé Jésus au Très Saint-Sacrement. Je vous rends grâces, mon Jésus, et enfin je vous demande votre sainte bénédiction !

Grâces et louanges soient rendues à tout instant à Jésus au Très Saint-Sacrement ! »
(A)

Je Lui tiens toujours compagnie et des dizaines et des dizaines de fois je Le reçois spirituellement : combien de fois je Le reçois au cours de la journée !

Ma folie d'amour c'est l'Eucharistie. (L. 01.10.40)

O mon bien-aimé Jésus, je m'unis, en esprit, à partir de ce moment et pour toujours, à toutes les Hosties contenues dans tous les ciboires de la terre, dans chaque lieu où vous habitez sacramentellement. C'est là que je veux pas-

ser tous les moments de ma vie, constamment, de jour comme de nuit, dans la joie ou la tristesse, seule ou accompagnée, à vous consoler, à vous adorer, à vous aimer, à vous louer, à vous glorifier. (A)

Jésus lui dit :

Dis aux âmes qui m'aiment de vivre unies à Moi pendant leur travail.

Dans leurs maisons, que ce soit de jour ou de nuit, qu'ils s'agenouillent souvent en esprit, la tête inclinée et disent :

"Jésus,

Je Vous adore en tout lieu où vous habitez sacramentellement ;

Je vous tiens compagnie pour ceux qui Vous méprisent,

Je vous aime pour ceux qui ne Vous aiment pas ;

Je répare pour ceux qui Vous offensent.

Jésus, venez en mon cœur !"

Ces moments seront pour Moi des moments de grande joie et de consolation.

Combien de crimes sont commis contre Moi dans l'Eucharistie ! (S. 02.10.48)

Dans l'attente du Bien-aimé

Bien souvent Alexandrina a la grâce de la visite d'un prêtre qui célèbre la sainte Messe dans sa chambre :

La sainte Messe commença. J'ai eu la force de résister tout le temps, sans me mettre au lit. Il me semblait être toute entière plongée en Jésus et je contemplais avec joie les sain-

tes Hosties déposées sur l'autel. Quelle joie : l'une de celles-là allait être l'aliment de mon âme ! (L. 30.05.41)

Quelle grâce extraordinaire : Lui, descendre du Ciel sur la terre par amour pour moi !

Au moment de Le recevoir, j'ai eu un fort désir de me jeter sur la sainte Hostie, de l'embrasser, de la dévorer. (L. 31.10.41)

Lors de la célébration du Saint Sacrifice de la Messe mon âme bénéficiait alors d'une grande paix, suavité et douceur.

Je m'offrais à Jésus, par les mains de la Mãezinha, afin d'être immolée avec Lui. (L. 30.10.40)

Lors de l'élévation j'ai ressenti de forts désirs de me lever et de m'envoler vers Jésus-Hostie.

J'ai réussi à me maîtriser et j'ai attendu qu'Il vienne en moi, le moment venu. (...) (L. 30.10.40)

Ce matin, quand je me préparais à recevoir mon Jésus, je sentais un mon âme un vide si grand que le monde entier ne suffirait pas à combler. J'avais faim : je voulais me rassasier.

Mais ma faim n'était pas de pain ni de quelque chose d'autre du monde : mon cœur ne désirait et ne souhaitait que Jésus. (S. 07.02.48)

Ce matin, après avoir fait ma préparation pour recevoir Jé-

sus, monsieur le Curé est arrivé.

Après avoir placé mon Bien-Aimé sur la table et avoir allumé les bougies, il m'a dit :

Voici Notre Seigneur qui vient te tenir compagnie pendant un moment. Le Père Humberto va venir et te le donnera (Le Père Leopoldino devait partir en urgence).

Lorsqu'il est parti, une force venue je ne sais d'où m'obligea à me lever (elle était paralysée, mais, quand elle vivait la Passion, avec une mimique très expressive, elle descendait du lit et exécutait divers mouvements. Toutefois, depuis 1942, elle vivait la Passion intimement, de façon très douloureuse, mais sans se lever de son lit. Nous sommes en 1944).

Je me suis agenouillée devant Jésus et je me suis inclinée sur lui : mon visage et mon cœur n'avaient jamais été aussi près de Lui.

Quel bonheur le mien ! Jouir de si près de ma folie !...

Je Lui ai dit tout bas tant de choses de moi, de tous ceux qui me sont chers et sur le monde entier.

Je me sentais brûler en ces flammes divines. Jésus m'a parlé, Lui aussi :

Aime, aime, aime, ma fille ! N'ai pas d'autre préoccupation que de m'aimer, de ma donner des âmes. Où Dieu est, rien ne manque : le triomphe et la victoire y sont également.

J'ai demandé aux anges de venir louer et chanter Jésus avec moi[2]*. J'ai continué à*

---

[2] Dans un rapport envoyé au Docteur Azevedo, le Père Humberto raconte qu'Alexandrina a chanté, certainement,

chanter jusqu'au moment où le Père m'ordonna de retourner dans mon lit.

Absorbée et embrasée par l'amour divin, j'ai communié. (S. 12.10.44)

Communion sacramentelle

Parmi les nombreuses extases où Alexandrina revit la Passion, il y est souvent question de la Cène, avec l'institution de l'Eucharistie, "le plus grand de mes Sacrements, le plus grand miracle de ma Sagesse", lui dit Jésus.

Alexandrina en exprime la signification la plus profonde et la plus vaste.

---

entre autres, ce quatrain en l'honneur du très Saint-Sacrement :

O Anges, chantez avec moi,
O Anges chantez sans fin :
Rendre grâces je n'arrive pas,
O Anges rendez-les pour moi !
Note du Traducteur.

Quelle nuit, quelle sainte nuit ! La plus grande de toutes les nuits.

La nuit du plus grand miracle, du plus grand amour de Jésus. (S. 08-03-45)

J'ai vu le doux Jésus bénir le pain qui deviendrait notre Eucharistie. S (11-04-47)

(J'ai vu Jésus) les yeux levés vers le Ciel, le visage tellement illuminé qu'il ressemblait plus à une créature du Ciel qu'à un être comme nous.

Il ne paraissait pas être un homme, mais uniquement un Dieu : amour, rien que de l'amour ! (S. 30-04-48)

La lumière fut telle, l'amour fut si grand, qu'il nous envahit tous : Jésus, les apôtres et moi-même. (S. 15-11-46)

Et, en ce moment d'amour et de beauté à nulle autre comparable, j'ai ressenti que le monde devenait tout autre :

Jésus se donnait en aliment : Il partait vers le Ciel tout en restant dans le monde. Cet amour recouvrit toute l'humanité. (S. 02-08-46)

Combien Jésus a aimé ! Combien Il aime !

Il ne veut rien d'autre sauf que nous vivons de Lui et pour Lui. (S. 20-05-49)

Celui qui aime souhaite être aime de retour !

Voici que Jésus dit à Alexandrina :

"Ma fille, fait que je sois aimé, consolé et réparé dans mon Eucharistie".

Et, alors, Il propose une dévotion particulière assortie d'une promesse :

> *Dis en mon nom que tous ceux qui communieront bien, avec sincérité et humilité, avec ferveur et amour le premier jeudi de six mois consécutifs et qui passeront une heure d'adoration et d'union intime avec moi, devant mon tabernacle, je leur promets le Ciel.*
>
> *C'est à fin qu'ils honorent par l'Eucharistie mes saintes Plaies, honorant tout d'abord celle de mon épaule si oubliée.*
>
> *Celui qui accomplira cette demande, et qui aux saintes Plaies ajoutera celles de ma Mère bénie, et par celle-ci nous demandera des grâces, qu'elles soient spirituelles ou corporelles, je promets de les exaucer, sauf si celles-ci sont préjudiciables à l'âme.*

Au moment de leur mort, je viendrai avec ma très Sainte Mère pour les défendre. S (25-02-49)

Dans les fragments suivants Alexandrina essaie de décrire ce qu'elle ressent lorsqu'elle a reçu le Bien-Aimé.

Ce sont des sentiments divers, selon le moment : de sa situation existentielle et de la volonté de Jésus. Certains nous servent d'exemple ; d'autres de réconfort, lorsque nous nous trouvons dans des situations analogues.

La Sainte Communion terminée, je sentais une grande union avec le Seigneur et, ensuite, une forte chaleur et une force qui m'enlaçait.

Je suis restée ainsi pendant quelques instants, puis le Seigneur m'a parlé :

"Je viens à toi parce que tu es toute unie à moi.

Pourquoi autant de désolation ? (S. 25-06-35)

Le jour s'est levé pour moi bien triste.

Lorsque j'ai reçu Jésus, ma douleur fut atténuée et ma tristesse a disparu. (L. 02-11-40)

Après la Communion, oh combien je me sentais bien avec le Seigneur ! Quelle union si étroite !

Je disais à mon Jésus :

"Combien cette paix est consolante ! Combien il est aussi consolant de t'aimer ! »

Et je suis restée ainsi pour quelque temps avec mon Jésus. (L. 18-07-35)

Cela me fait de la peine et me rend triste la manière dont je l'ai reçu aujourd'hui. J'ai oublié tout d'un coup sa divine visite. Il me semble ne pas l'aimer ! (L. 29-09-40)

J'étais glacée lorsque j'ai reçu Jésus, mais d'une glace qui gèle tout !

Mon cœur et mon âme se tordent, se retordent dans une affliction indicible. (L. 28-12-39)

J'ai senti Jésus inonder mon âme par sa présence réelle. Il m'a donné de la force pour chanter et prier jusqu'à la tombée de la nuit. (L. 02-05-41)

Il m'a remplie ; mon cœur est devenu si grand ! J'avais

l'impression qu'il ne tenait plus dans ma poitrine : j'étais comme si j'avais en moi toute la voûte du Ciel. (S. 06-09-47)

L'Hôte divin est entré et, sans regarder à tant de misère et d'indifférence, il ne s'est pas refusé à descendre en mon cœur.

Après quelques instants, j'étais devenue une autre : le Ciel s'inclina vers moi, il s'unit à la terre, il m'absorba complètement.

Mon âme s'est illuminée : j'étais grande, grande comme Dieu.

Jésus m'a parlé depuis mon cœur :

"Ma fille, ma fille, tu es immergée, tu es noyée dans l'amour de Jésus" (S. 04-08-51)

Nous devons nous rappeler toujours une vérité déconcertante : la Communion nous transforme en Celui que nous recevons. Souvenons-nous de ce que disait saint Augustin : *"O Père, que la participation à ton Sacrement nous insère comme membres vivants dans le Christ ton Fils, afin que nous soyons transformés en Celui que nous recevons"* *(Prière après la Communion dans l'office de saint Augustin).*

Mon Jésus est venu. Aussitôt entré en moi, les ténèbres se sont dissipées : tout mon intérieur a été illuminé par son amour, par sa paix.

Je suis devenue une autre. Alors je pouvais même dire :

"Ce n'est pas moi qui vis, mais Jésus. (S. 01-03-47)

Souvenons-nous de la bien connue affirmation de saint Paul :

"Ce n'est plus moi qui vis, mais le Christ qui vit en moi." (Gal 2,20)

Concluons avec deux extraits qui mettent en évidence que non seulement l'âme s'attache à son Bien-Aimé, mais que Jésus lui-même soupire et désire s'unir à sa créature, la posséder entièrement.

Un jour, à l'improviste, on lui apporta la Sainte Communion.

> *Elle est indicible la joie que ressentie et, en même temps ma confusion.*
>
> *Joie parce que mon Bien-Aimé était venu en mon âme, confusion pour tant de dons reçus.*
>
> *O combien Jésus est bon ! Il ne se refuse pas à venir dans mon néant, dans ma misère !*
>
> *Aussitôt entré dans mon cœur, il m'a parlé ainsi :*

"Ma fille, ma fille, je ne peux pas vivre ailleurs qu'en ton cœur. C'est vrai, j'habite toujours en toi, mais maintenant je suis venu d'une façon plus réelle, en corps et en Esprit." (L. 12-09-41)

Je l'ai reçu dans mon cœur et aussitôt Il me réconforta par ces paroles :

"Quel amour, quel amour, que d'excès d'amour j'ai pour toi, quels prodiges d'amour, ma fille !

Tu soupirais après mon Cœur et moi, je soupirais de posséder entièrement le tien.". (L. 12-09-41)

CHAPITRE 5

AMOUR-DOULEUR, DOULEUR-AMOUR

La douleur transfigurée

Sur cette terre, qui aime souffre.

Toute âme sensible qui aime ne peut pas s'empêcher de sourire en participant aux tribulations de ceux qu'elle aime et en contemplant l'état dans lequel se trouve la pauvre humanité. Alexandrina affirme :

> *J'aimais et, parce que j'aimais, je souffrais. S (16-02-51)*

Mais ceux qui souffrent ne savent pas toujours aimer !

Et la douleur sans amour, parfois incompréhensible, mène au désespoir.

Le vrai chrétien apprend à supporter la douleur par amour, parce qu'il croit par la Foi au pouvoir salvifique de sa douleur, offerte en union avec les souffrances du Christ, qui continue dans les siècles la Rédemption à travers les souffrances de ses membres.

Souvenons-nous qu'à Fatima Notre Dame invita les trois pastoureaux à souffrir pour le salut des âmes. Et avec quelle impétuosité amoureuse les enfants y ont répondu !

Notre Pape Jean-Paul II, dans son encyclique *"Salvifici doloris"*, a écrit, entre autres choses :

Au fur et à mesure que l'homme prend sa croix, en s'unissant spirituellement à la Croix du Christ, le sens salvifique de la souffrance se manifeste davantage à lui.

L'homme ne découvre pas cette signification au niveau humain, mais au niveau de la souffrance du Christ.

Mais, en même temps, de ce plan où le Christ se situe, ce sens salvifique de la souffrance descend au niveau de l'homme et devient en quelque sorte sa réponse personnelle.

C'est alors que l'homme trouve dans sa souffrance la paix intérieure et même la joie spirituelle.

Ayons présent à l'esprit que ces paroles n'ont pas été écrites par quelqu'un qui parle d'une façon abstraite de la valeur chrétienne de la souffrance, sans l'avoir lui-même expérimentée !

Cette encyclique a été écrite en 1984, après que Jean-Paul II ait vécut les souffrances provoquées par l'attentat de 1981, aggravées par bien d'autres dues à son rôle de Chef de l'Église catholique.

Jésus dit :

> *"Aimer et souffrir ; souffrir et aimer : c'est le secret de la perfection, c'est le meilleur moyen de salut". S (26-12-52)*

Rappelons-nous ce qu'a écrit saint Padre Pio à Anita de Jésus (Épistolaire III, lettre, page 67) : *"L'amour de la croix a toujours été un signe distinctif des âmes choisies.*

Notre séraphique Père (saint François) a bien compris que sans l'amour de la croix il n'est pas facile de progresser dans le chemin de la perfection chrétienne".

Notre Alexandrina, maîtresse de douleur et d'amour, affirme :

> *Pour soutenir la douleur, il faut succomber d'amour. (S. 26-08-55)*

L'amour de Jésus

> *Jésus m'attend les bras ouverts pour me recevoir : il m'attend souriant et plein d'amour.*
>
> *Il veut me posséder, il veut incendier ma froideur dans le brasier de son divin Cœur. (S. 26-07-45)*

> *Jésus s'en va fou d'amour quémander de l'amour à tous les cœurs.*

Quelle tristesse : aimer et ne pas être aimé ! Aimer et être offensé en retour ! (S. 06-06-42)

Le divin Cœur de Jésus est en flammes : il brûle, se consume continuellement pour nous.

Combien grand est l'amour de Jésus et combien grande l'ingratitude des âmes !

Oh ! si je pouvais ouvrir mon cœur et montrer au monde les tendresses de l'amour divin !

C'est l'amour qui permet d'oublier la douleur. (S. 29-03-45)

Il aime quand Il console et aime encore quand Il blesse : c'est toujours de l'amour, un amour sans pareil. (S. 26-12-52)

Plus je fuyais le regard de Jésus (Alexandrina vit les sentiments de l'âme pécheresse), plus mon âme voyait son divin Cœur me suivait et cela me faisait mieux comprendre l'amour qu'Il avait pour moi. Plus je m'éloignais, plus Il courrait après moi pour m'attirer à Lui, et plus encore je Le faisais souffrir. (S. 02-02-51)

J'ai ressenti en moi (Alexandrina revit les sentiments de Jésus et de l'humanité) un amour et une ingratitude très forts.

L'amour était immense : il remplissait le Ciel et la Terre ; l'ingratitude était très grande et très grave. Elle s'opposait à cet amour, un amour qui, comme une barque ferme et sûre naviguait par-dessus tout cela.

J'ai reçu l'ingratitude sans cesser d'aimer. (S. 13-07-45)

Jésus disait à Alexandrina :

Jésus a infusé dans ton cœur le feu ardent de son divin Cœur : c'est un feu qui aime, c'est un feu qui consume.

C'est cet amour que je veux que tu donnes aux âmes ; je l'exige. (S. 09-03-51)

L'âme qui aime rayonne et laisse transparaître autour d'elle la force de l'amour avec lequel elle aime.

Le feu, quand il prend, laisse toujours les traces de son passage.

Aime-moi, laisse-toi brûler, ramène aux âmes ma flamme,

mon divin Amour. (S. 09-07-48)

Jésus s'adresse à nous tous :

Venez à moi vous tous qui souffrez et entrez dans mon divin Cœur.

Venez à moi vous tous qui désirez ardemment m'aimer et buvez à cette source que jamais ne s'épuisera !

Je suis Amour, Amour, infiniment Amour et éternellement Amour.

Venez, venez à moi vous tous et consolez mon divin Cœur !

Dites-moi continuellement que vous m'aimez et demandez-moi continuellement mon Amour.

Mon divin Cœur veut se donner, se donner ; il veut s'envoler vers tous les cœurs.

Ma fille, ma chère enfant, fais que je sois aimé ! (S. 14-03-52)

Voici une exhortation d'Alexandrina :

Ô monde, ô âmes, combien Jésus vous aime !

Aimons-le nous aussi !

Notre douleur n'est rien comparée à la sienne :

Ce fut une douleur infinie, ce fut la douleur d'un Dieu fait homme.

Aimons-le, aimons-le continuellement, aimons-le nuit et jour !

Mon cœur s'en va, comme un oiseau perdu, mendier de l'amour, de l'amour toujours pour Jésus. (S. 03-05-53)

Laissons-nous séduire par l'invitation d'Alexandrina !

Consacrons-nous à rétribuer l'amour de Jésus de telle façon qu'il puisse nous dire aussi, comme à Alexandrina :

> *"Tu m'aimes quand tu pleures, quand tu ris : tu m'aimes dans la joie comme dans la douleur.*
>
> *Tu m'aimes dans le silence et quand tu parles.*
>
> *Tu m'aimes en tout.*
>
> *Jour et nuit, montent vers le Ciel, à chaque instant, tes souffrances, ton amour" S (21-03-47)*

FIN

TABLE DES MATIÈRES

OBJECTIF 3

CHAPITRE 1 9

  ALEXANDRINA ET LE PROCHAIN 9

    Avec ceux qui souffrent 9

    Avec ceux qui la font souffrir .. 10

    Pour tous un sourire 12

CHAPITRE 2 17

  ALEXANDRINA ET LA VIE DIVINE 17

    Conformité à la volonté de Dieu 17

    Alexandrina et la récompense . 21

    Humilité 23

    Confiance et don de soi 30

    Inhabitation 36

CHAPITRE 3 43

  ALEXANDRINA ET LA PRIÈRE 43

    Louange et remerciement 43

Repentir et demande de pardon 48

Invocation et supplique 51

Invocations Mariales 56

Intercession 61

Persévérance dans la prière 69

CHAPITRE 4 81

ALEXANDRINA ET L'EUCHARISTIE 81

Écoutons Jésus ! 81

Communion spirituelle 83

Dans l'attente du Bien-aimé 86

Communion sacramentelle 91

CHAPITRE 5 103

AMOUR-DOULEUR, DOULEUR-AMOUR 103

La douleur transfigurée 103

L'amour de Jésus 107

TABLE DES MATIÈRES 115

Traduction achevée le 11 avril 2007.

Printed in Great Britain
by Amazon